TOUT À FAIT COMPLET ET EXTRÊMEMENT MERVEILLEUX

NB :
Si vous avez besoin de lunettes pour voir de près, chaussez-les dès maintenant.

# LE GUIDE DE LA FRANCE de Mr. Bean

Ça suffit de lambiner ! TOURNEZ LA PAGE !

Désolé d'interrompre la séance, monsieur le Premier ministre, mais c'est urgent : Mr. Bean a quitté l'Angleterre !
Et pourrais-je savoir comment le Premier ministre compte remédier au mauvais temps, cause du départ de Mr. Bean ?
C'est affreux...
Affreux...
Silence ! Je demande le silence !
Affreux...
Affreux...
Calmez-vous, calmez-vous, il reviendra !
Hourra !

Accompagnez-moi en
FRANCE
où le soleil brille toute l'année !

# LES CONSEILS DE MR. BEAN POUR VOYAGER MALIN

1RE ÉTAPE :

Si vous êtes stupide, un petit rappel : pour voyager malin, il importe avant toute chose de choisir sa destination.

Où pourrais-je aller ?

- ISLANDE ✗
- GROENLAND ✗
- SUISSE ✗
- INDE (trop loin) ✗
- GRÈCE (trop de cholestérol) ✗
- PIZZALAND ✗
- FRANCE ✓✓✓

(Génial, ça équivaut à 500 degrés en température anglaise !)

**Weekend destinations Forecast**

| | Sat | Sun |
|---|---|---|
| Amsterdam | H18 L15 | H24 L14 |
| Athens | H22 L14 | H22 L14 |
| Berlin | H22 L14 | H25 L16 |
| Copenhagen | H22 L14 | H22 L14 |
| Dublin | H18 L12 | H19 L11 |
| Madrid | H23 L15 | H25 L16 |
| Paris | H32 L25 | H32 L24 |
| Rome | H22 L15 | H24 L15 |

Oslo 18 64 Fair
Well'ton 15 59 Fair
Zurich 17 63 Rain

Centre lounge with double pull-out bed,
kitchen area with oven, grill and
Oh, comme j'aimerais que Mr. Bean vienne chez nous pour les vacances !
Nom d'un kangourou, il viendra chez nous !
Pourvu qu'il vienne ici...
Et ici !
Idem !
Pas ici, par pitié : on est trop serrés !

# Vous allez ADORER le sud de la France !!!

Youpi ! Mr. Bean arrive !
Génial, quand ?
Briquez-moi ça fissa ! Il déteste la crasse !
Qu'aime-t-il manger ?
Courons faire les courses !
À quoi il ressemble ?
À ça, crétin !
CARLTON

Mr. Bean raffole de la campagne française.
Est-ce que Mr. Bean descend chez vous ?
Non.
Alors nous non plus.
Il préfère la plage.
Mai
Toutes les chaises longues sont réservées pour Mr. Bean.
Et celles-ci aussi.
9 Vendredi
Pluie
Satanée Pluie !
10 Samedi
PLUIE
11 Dimanche
Vivement la France !
Maman, pourquoi toutes les chaises longues sont réservées pour Mr. Bean ?
Parce que c'est une personne très importante.

2^E ÉTAPE :

FAIRE UNE LISTE DES CHOSES À EMPORTER

Vous-même (moi-même)
Veste
Frigo
Chemise
Cravate
Pantalon
Chaussettes x 2
Électrophone
Pantalon x ???
Maillots de corps x ???
Armoire
Serviette de bain
Lit
Seau et pelle
Nourriture lyophilisée répugnante pour randonneurs
Robe de chambre
Chapeau
Crème solaire
Crème glacée
Carottes
Jus de viande
Poulet
*Maillot de bain
Haricots
Cuisinière à gaz ou électrique
Lunettes de soleil
Saucisses
Tente ?
Bâtonnets de poisson pané
Poste de télé
Talc pour les pieds
Petits pois surgelés
Camping-gaz ?
VALISE !

Si vous avez la chance
De vous rendre en France,
Profitez-en pour vous remplir
la pance...
(poème de Mr. Bean)

NOTE À MOI-MÊME :
À ACHETER (PAS CHER !)

10/10

Ce livre prend une bonne tournure, je crois.

# Tenues de bain

Comment choisir le maillot de bain qui vous sied en évitant les essayages !

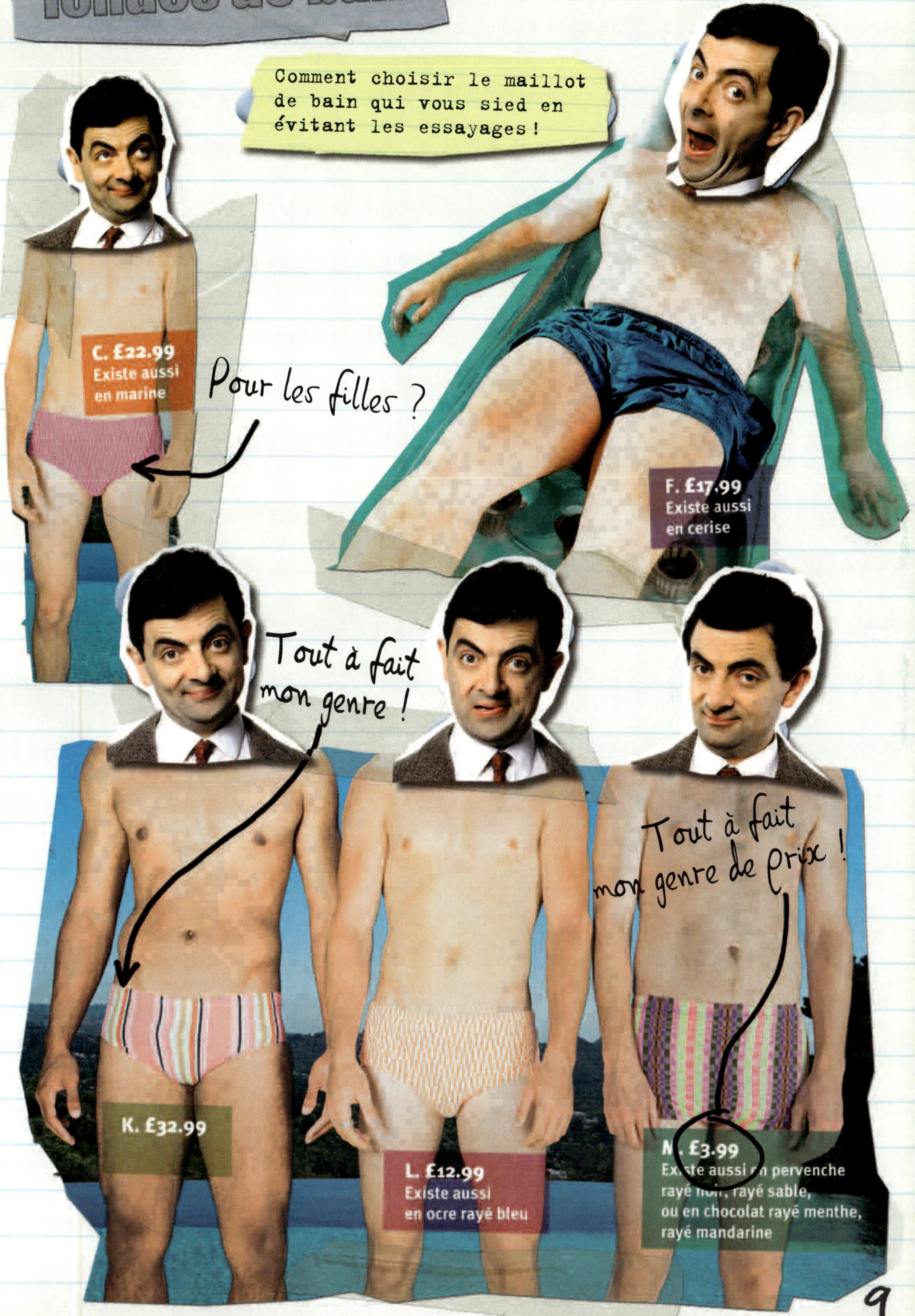

Les Pissenlits
12 Arbour Road
Highbury
Londres N10
Angleterre

15 avril 2006

Bureau des passeports de Londres
Globe House
89 Eccleston Square
Londres

COPIE

Cher Monsieur, chère Madame,

Je compte prochainement faire un saut en France et j'aimerais donc disposer d'un passeport pour mon ours.

Par conséquent, et concernant l'affaire susmentionnée, auriez-vous l'amabilité de me faire parvenir les formulaires nécessaires en vue d'obtenir le passeport susmentionné pour l'ours susmentionné. Gracias (comme disent les Français).

Sincères salut

Mr. Bean

Mr. Bean

---

Mr. Bean
c/o Mme Podevache
Les Pissenlits
12 Arbour Road
Highbury
Londres N10
Angleterre

COPIE

15 mai 2006

Salle du trône
Buckingham Palace
Londres

Chère Votre Majesté,

J'espère que tout va bien chez vous, moi ça va. Ce petit mot pour vous annoncer que je compte effectivement m'absenter d'Angleterre pour de courtes vacances, en France par-dessus le marché. Alors si des fois vous m'appelez pour papoter, personne ne répondra au téléphone, effectivement.

Votre loyal serviteur,

Mr. B

3ᴱ ÉTAPE :

Comprendre les devises françaises !
(l'argent, quoi !)

Le nôtre

Le leur

Les euros font kling kling kling kling
Où sont donc mes livres sterling ?
Poème de Mr. Bean

Des enquiquineurs, oui !

**Ministère de l'Intérieur**

21 avril 2006

Mr. Bean
c/o Mme Podevache
Les Pissenlits
12 Arbour Road
Highbury
Londres N10
Angleterre

**<u>Sujet : Votre ours</u>**

Cher Monsieur Bean,

Votre lettre du 15 courant m'a été transmise par Putney, le responsable du Bureau des passeports. Je suis extrêmement alarmé par votre demande et par la désinvolture avec laquelle vous entendez sortir votre ours du territoire en toute illégalité.

Outre la souffrance éventuelle de cette pauvre bête, l'exportation d'animaux est strictement interdite sans les autorisations adéquates et une mise en quarantaine fort stricte.

Soyez averti, Monsieur, que si vous êtes surpris en flagrant délit de transport d'ours en France, vous vous exposerez à des poursuites judiciaires, qui aboutiront sans le moindre doute à une lourde amende ou à une peine de prison.

J'ai communiqué votre nom à notre base de données nationale, j'ai alerté tous les ports, aéroports, et autres lieux de transit britanniques.

Sincères salutations,

Robert Peluche

Chenil ?

Refuge pour chats ?

Boîte à chaussures ?

Annoncer la tuile à Teddy (avec ménagement)

Protection des animaux. 23-25 Swanery Road Putney London SW15 2XD

Que faire de votre animal de compagnie pendant que vous vous dorez la pilule au soleil ?

Page 1

ITINÉRAIRAIRAIRAIRE :

La veille-V :
22 h 00 : Préparer sa valise (voir liste des choses à emporter)
22 h 05 : Poser les billets de train sur la table de l'entrée
22 h 15 : Se mettre au lit
22 h 16 : Régler le réveil
22 h 17 : Dormir

JOUR

30 mètres

Le jour-J :
7 h 00 : Se réveiller
7 h 05 : Se réveiller
7 h 10 : SE RÉVEILLER BON SANG DE BONSOIR !
7 h 11 : Se faire couler un bain
7 h 12 : S'habiller
7 h 15 : Se brosser les dents
7 h 16 : Se déshabiller (et prendre son bain)
7 h 45 : Tasse de thé numéro 1
7 h 47 : Toast numéro 1 (confiture)
7 h 49 : Tasse de thé numéro 2
7 h 51 : Toast numéro 2 (marmelade)
7 h 55 : Couper l'eau
8 h 00 : Couper le gaz
8 h 01 : En route pour la gare
8 h 45 : Revenir de la gare
8 h 46 : Prendre les billets de train oubliés dans l'entrée
8 h 47 : En route pour la gare
8 h 48 : Revenir prendre sa valise
8 h 49 : En route pour la gare
13 h 00 : Arrivée à Paris
14 h 05 : Prendre le train pour le sud de la France (LA PLAGE !)
14 h 06 : Essayer de se rappeler si on a coupé le gaz

L'obligation de voyager est l'un des principaux problèmes que l'on rencontre quand on se rend à l'étranger. Oh, si ça pouvait être aussi simple que ceci :

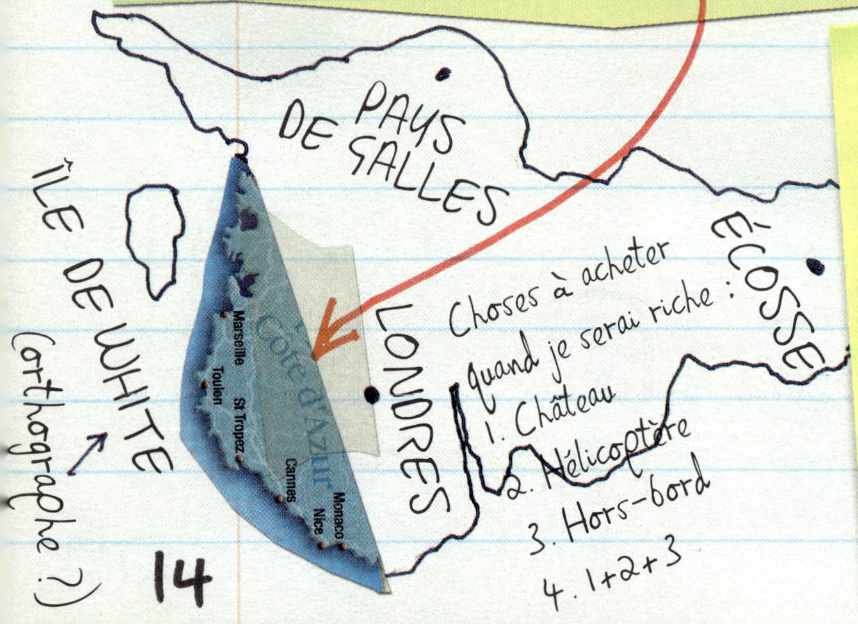


Vachement intéressant pour le lecteur ! OUI, je vais le publier, ce bouquin !

4E ÉTAPE :

Conserver son calme et sa patience en s'initiant au mode d'emploi de son nouveau caméscope ultrachic.

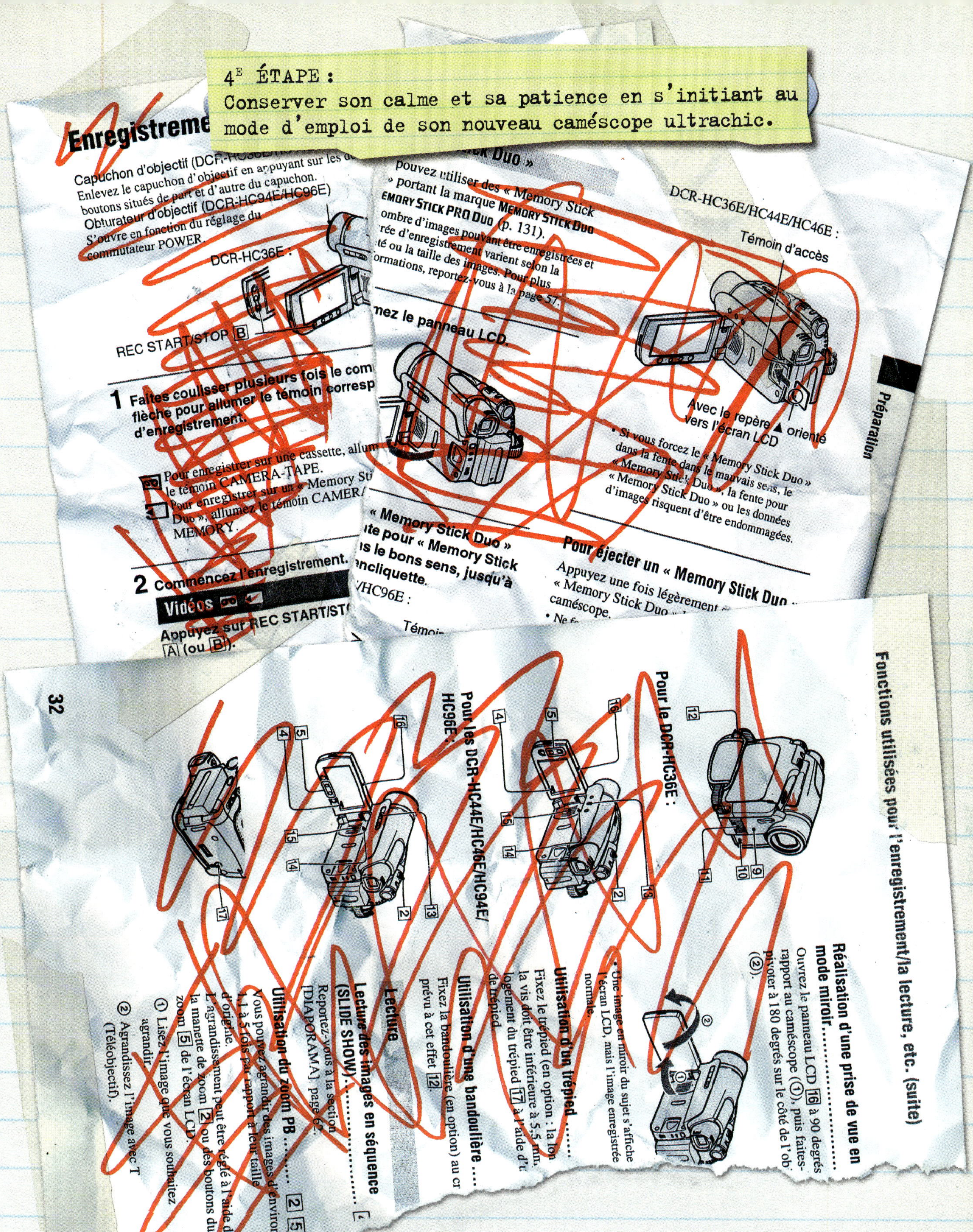


LA FERME !!!

ON et OFF suffiront !

Les trois chefs se sont réunis dimanche pour que les célébrations marquent le 750th anniver-

entouré par la Po-logne et la Lithuanie. "la seule chose qu'ils ont jamais faite pour

M. Chirac : Pas un amateur de nourriture britannique

Mmmm...
Il a l'air tout à fait charmant

COPIE

Mr. Bean
c/o Mme Podevache
Les Pissenlits
12 Arbour Road
Highbury
Londres N10
Angleterre

Le 27 avril 2006

La maison du président de la France,
France

Cher Président Chirac,
J'espère que tout va bien chez vous, moi ça va.

Ce petit mot pour vous dire que je passerai par chez vous (en France) d'ici quelques jours. Je suis super impatient, en fait ! Le soleil, la mer, les palmiers. C'est trop top !

Tout en profitant de ces agréables vacances ensoleillées, je serai à l'affût de toute amélioration qui pourrait être apportée à votre pays.

Sincères salutations,
Mr. Bean (d'Angleterre)

Mr. Bean

P.S. : Bien le bonjour à votre dame.

COPIE

Mr. Bean
c/o Mme Podevache
Les Pissenlits
12 Arbour Road
Highbury
Londres N10
Angleterre

Le 30 mai 2006

Cher Monsieur Michel Lafon,

Vous ne me connaissez pas (pour l'instant) mais je suis l'homme qui va nous rapporter des millions !

Comment ? Eh bien, je pars en villégiature en France prochainement et j'ai l'intention d'écrire un livre à ce sujet.
Voyez-vous, il m'est apparu que beaucoup de gens aiment à la fois voyager et lire.
Alors pourquoi ne pas publier un livre de voyage ?
Comprenez-vous mon raisonnement, messire ?
Je pense que vous êtes passé jusqu'ici à côté d'une opportunité fabuleuse, alors reprenez-vous, vieille branche, et retroussez vos manches !

Humbles salutations,

Mr. Bean

Mr. Bean (Écrivain voyageur.)

Phil ! As-tu lu la lettre de Mr. Bean ? Il est effectivement parti en vacances.
Alors c'est pour ça, Liz, que je ne pouvais pas le joindre au téléphone !
Snif, snif, snif…
Du nerf, caporal, il reviendra !

# Hourra !!! La caméra tourne !

Ma nouvelle caméra peut prendre à la fois des photos et des vidéos !

Elle peut même prendre des photos de nourriture !

On peut l'utiliser sans même lire le mode d'emploi !

Minute, papillon !
Ma théière n'était pas trouble quand je l'ai achetée.

Mon grille-pain non plus !!

Bon, d'accord, je vais le lire, ce satané mode d'emploi !!!

La gare de Waterloo et Buckingham Palace ont été dessinés par le même gars.
WATERLOO STATION
Le gars qui a dessiné les plans de Buckingham Palace.
La bataille de Waterloo.
DON'T LEAVE YOUR BUSINESS UNATTENDED
eurostar
Departures
Arrivals
Left luggage
À l'assaut !
TIME DESTINATION TRAIN VIA
07:43 Brussels 9112
08:12 Paris 9008
08:39 Brussels 9116 Lille Eu
09:09 Paris 9012
09:39 Disneyland 9074
10:39 Paris 9018
EUROSTAR IS COMPLETELY NON
ONLY PASSENGERS HOLDING A V
PLEASE DO NO
UTILISER LES MACHINES SVP
De l'eau dans les waters...

De l'eau dans le lavabo.
Porte unisexe moderne.
Apparemment, on peut passer cette porte
Mr. Bean est à bord, nous pouvons démarrer.
Demandez-lui s'il veut une tasse de thé. Et que ça saute !
eurostar
3201
Il est parti en train, mon commandant.
Zut !

# LES SYMBOLES INDISPENSABLES DE MR. BEAN

Les gens à l'étranger sont impatients de savoir ce que vous pensez de leur pays. Pourquoi ne pas employer ces symboles fort utiles ?

EXCELLENT

IRRÉSISTIBLE

AUSSI BON QUE DES FISH AND CHIPS

MOYEN

SYMPA

VOUS VOUS MOQUEZ !

MAUVAIS

À JETER DU HAUT D'UNE FALAISE

GROS CACA

Allo Proprete

toilettes

En arrivant à Paris, un écrivain-voyageur digne de ce nom remarquera, bien sûr, l'absence totale de plage.

Je trépigne !

français

Pas d'inquiétude. Attrapez un taxi (même mot en ~~anglais~~) qui vous conduira à la gare de Lyon où un train vous amènera jusqu'à la mer !!

Sauf si ce tocard de chauffeur de taxi ne comprend pas un traître mot de ce que vous dites et vous lâche dans un endroit comme celui-ci.

???

Coucou mon petit sucre !
Bonjour ma douceur !
resucresucresucre
Ma première tasse de café français... pas d'incident à signaler.
CONSEIL DE VOYAGE :
Les cafés français sont le lieu idéal pour avoir des idées géniales.
PLASE
ART
VIN
GONNE CHÈRE
PLASE
Comment améliorer Paris ?
Appeler Chirac ?
DE VOTRE VISITE
9:29
CAISSIER
0067 A 18-05-2006
DOUBLE EXPRESSO £1.70
EURO €2.55
DOUBLE EXPRESSO £1.70
EURO
ESPECES £3.40
EURO
C'est du vol caracterisé !

# TRUCS ET ASTUCES LINGUISTIQUES DE MR. BEAN

Dans le but d'éviter tout malentendu, l'aspirant voyageur aurait grand avantage à dégrossir son français, comme disait l'amiral Nelson.

Trois mots suffisent à vous débrouiller en France ou n'importe où dans le monde :

| "Oui" | "Non" | "Gracias" |
|---|---|---|
| ↓ | ↓ | ↓ |
| YES | NO | THANK YOU |

CONSEIL DE PRONONCIATION :
Pour ressembler à un Français de souche, exercez-vous à parler avec une pince à linge sur le nez. N'oubliez pas d'enlever la pince avant de franchir le contrôle des passeports.

À PRÉSENT, VOUS VOICI PRÊT À METTRE EN PRATIQUE CE QUE VOUS AVEZ APPRIS EN COCHANT LA CASE CORRESPONDANTE :

| | | | |
|---|---|---|---|
| Mon nom est-il Mr. Bean ? | OUI ☐ | NON ☐ | GRACIAS ☐ |
| Aimez vous ce test ? | OUI ☐ | NON ☐ | GRACIAS ☐ |
| Que dites-vous à Mr. Bean qui vous a si bien appris le français ? | OUI ☐ | NON ☐ | GRACIAS ☐ |

POUR UN AUTRE CONSEIL FORT UTILE, VOIR CI-APRÈS :

Les Français aiment que l'on hurle.

Si vous demandez des choses en quantités précises, communiquez aisément en utilisant :

## LE LANGAGE UNIVERSEL DES SIGNES DE MR. BEAN

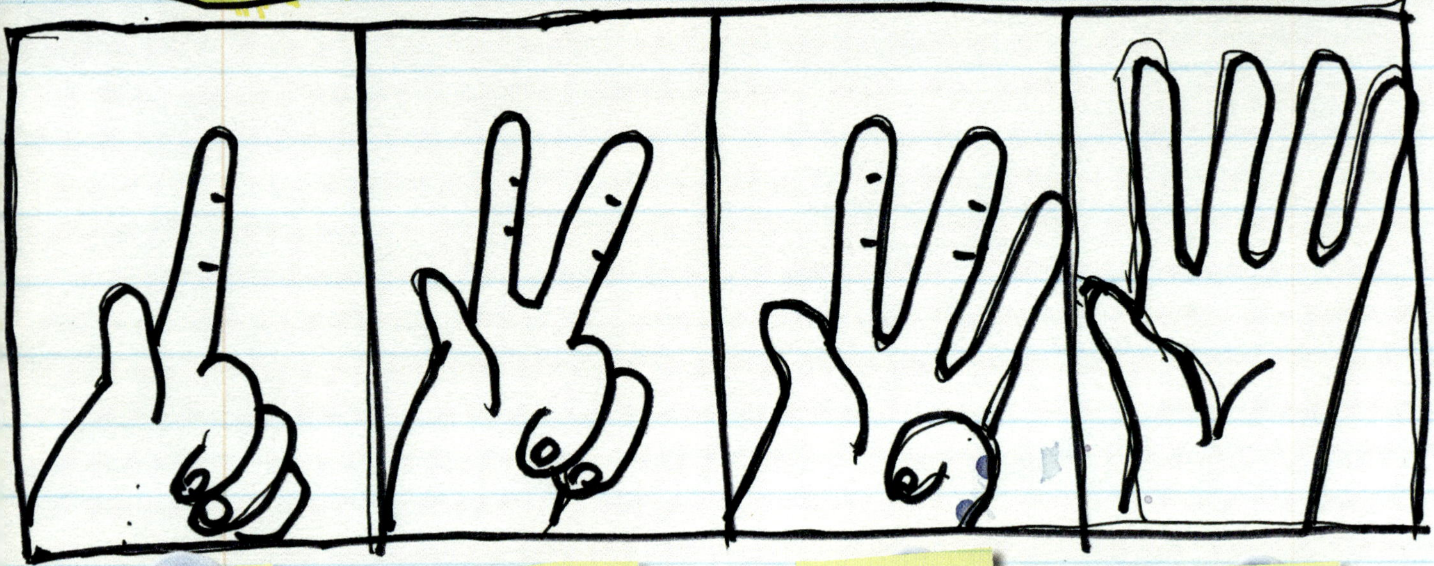

UN

DEUX

TROIS

STOP!

Une fois ce langage maîtrisé, vous êtes mûr pour employer :

## LE LANGAGE UNIVERSEL DU DOIGT DE MR. BEAN

1. Montrez du doigt l'objet que vous désirez.

2. Puis pointez le doigt vers vous-même.

3. Souriez !

Cher Teddy,

Tu te plairais pas, ici,

ALORS LA FERME !

De la part de Devine qui ?

Teddy c/o Mme Podevache
Les Pissenlits
12 Arbour Road
Highbury
Londres N10
ANGLETERRE



Chère Votre Majesté,

Je passe du bon temps en France.

Vous devriez y emmener Phil pour manger à la bonne franquette !

Mr. Bean xxx
(votre humble serviteur)

La Reine
Buckingham Palace
Londres
ANGLETERRE

MOULES
MULES

MARINIÈRES ?
MARINS

# MENU À LA CARTE

## LES HORS-D'ŒUVRE

Moules Marinières

Soufflé au fromage

Mousse de Saumon et Câpres

Gratinée à l'Oignon

Des ânes
de mer ?

POISON???

## LES POISSONS

Blanquette de Lotte à la Vapeur, Ravioles aux Petits Pois
et Émulsion au Gingembre

Bar Rôti aux Jeunes Poireaux, Réduction de Beaujolais
et Épeautre à la Crème

Inspecteur ?

en bois ?

## LES SPÉCIALITÉS

Entrecôte grillée Sauce Béarnaise et Pommes Allumettes

Coq au Vin de Bourgogne

Jarret de Porc Confit aux Lentilles Vertes du Puy

Confiture de
cochon ?

## LES POMMES DE TERRE

Gratin Dauphinois

Pommes Sautées

Des
DAUPHINS ?

## LES LÉGUMES

Petits Pois

Haricots Verts

Épinards à la Crème

En dessert ?

# Le traducteur universel de Mr. Bean

TROUSSE DE SECOURS

Pour l'homme qui voyage léger !

Mr. Bean
c/o Mme Podevache
Les Pissenlits
12 Arbour Road
Highbury
Londres N10
Angleterre

COPIE

Le 6 juin 2006

QG des Nations unies
Manhattan
New York
U.S.A.

(tasse de thé, hé, hé !)

Cher Kofi Annan,

Comment va, du côté des bonnes vieilles Nations unies ? L'état du globe, et tout ça ? Pitié pitié pitié pitié.

Quoi qu'il en soit, je parie que, comme moi, vous passez vos nuits d'insomnie à prier pour que tout le monde parle la langue de tout le monde, et c'est là qu'une idée de génie intervient : " Le traducteur universel de Mr. Bean " (plan ci-joint).

Ce serait formidable si tout le monde en possédait un ! Inutile de vous dire que tout ceci est TOP SECRET pour l'instant, alors motus et bouche cousue, d'ac ?

Salutations distinguées,

Mr. Bean

Mr. Bean (A.A. R.A.S. C.Q.F.D)

P.S. : Évidemment, cette invention vaut des milliards mais il me plaît d'apporter ma contribution à la paix dans le monde. Une pinte de bière suffira.

Pièce de rechange !

LA JEGRONDE,
dite Mina Grisa en français.

VOUS ÊTES ICI.

Êtes-vous capable de trouver votre chemin jusqu'au Louvre ?

Ça m'a pris tout un fichu APRÈS-MIDIIIIIIIII !!!!

AMÉLIORÉ PAR MR. BEAN (OF LONDON)

NE GASPILLEZ PAS D'ARGENT EN CARTES POSTALES

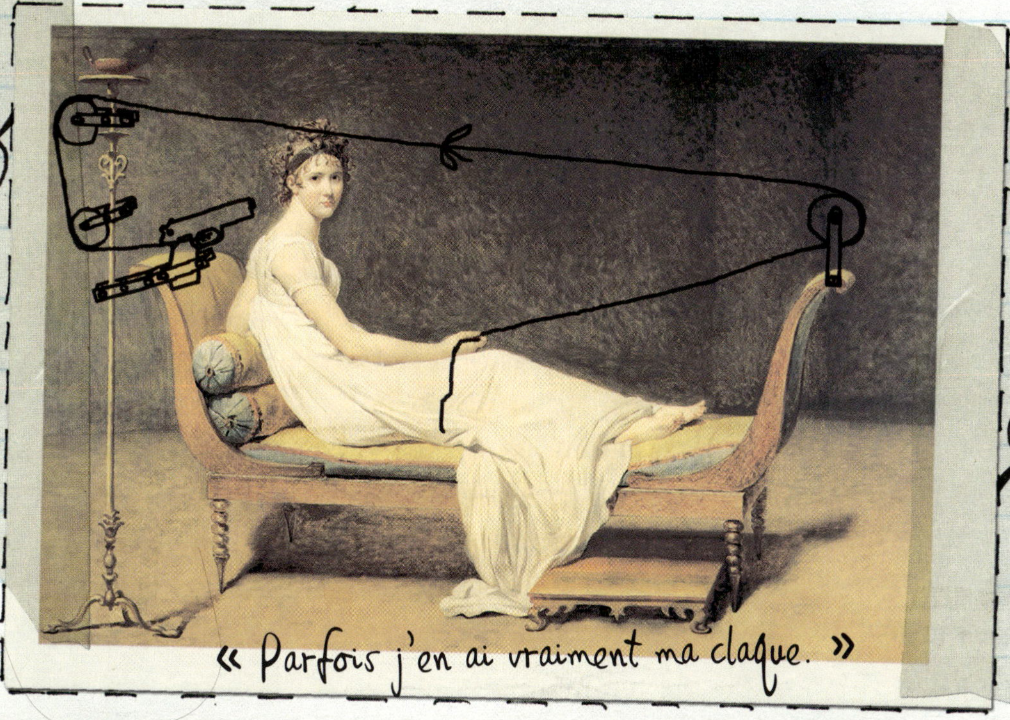

U T I L I S E Z

C E L L E S - C I

## CONSEIL DE VACANCES DE MR. BEAN – NUMÉRO 1

Si comme moi vous êtes trop méchant et trop pingre pour acheter des cartes postales, fabriquez-les vous-même.

# LE GUIDE DE L'ART CULINAIRE DE MR. BEAN

La France est le pays de l'art, de la nourriture et du vin. Et si on les mélangeait pour s'amuser ?

← DANS CE SENS

Et voici une deuxième création
que j'ai concoctée pour vous.

← DANS CE SENS

À votre tour de faire une razzia dans le placard de maman
pour faire des barbouillages.

# CONSEIL DE VACANCES DE MR. BEAN – NUMÉRO 2

À Paris, le goût pour l'art est tel que des gens peignent des portraits d'autres gens dans la rue ! Pour renflouer vos caisses, n'hésitez pas à vous faire la main sur les touristes.

CONSEIL DE MR. BEAN POUR DESSINER DES PORTRAITS

Si les gens sont moches, tâchez de les embellir, et ce afin qu'ils soient plus enclins à vous payer grassement.

Le bonheur au soleil

Je trépigne

Mr. Bean est parti pour le sud de la France.
Je sais. Qu'est-ce qu'on va s'ennuyer sans lui.
L'économie va en prendre un coup.
Snif, snif...
Oh, la ferme !
Où est le sud de la France ?
Dans le sud, crétin.
Paris a perdu son plus beau joyau.
J'en doute.

Ces merveilleux TGV à très grande vitesse roulent à la vitesse faramineuse de 200 miles à l'heure (320 km/h d'après le système métrique) !

320 km/h

320 km/h

Il ne renverse jamais une goutte !

**CONSEIL DE VACANCES DE MR. BEAN - NUMÉRO 3**

Pour éviter nausées et vomissements, imaginez que vous portez un jet-pack, et qu'il vous propulse en arrière à 320 km/h ! (voir schéma 1)

Schéma 1

## CONSEIL DE VACANCES DE MR. BEAN – NUMÉRO 4

Demandez à des gens de vous photographier ; sinon, votre album sera bourré de bobines d'inconnus.

Moi, gare de Lyon.

Idem.

## CONSEIL DE VACANCES DE MR. BEAN – NUMÉRO 5

Comment empêcher des gens de vous piquer votre appareil photo (voir schéma 2).

Idem.

Moi à bord du TGV à très grande vitesse, à destination du sud de la France.

(PHOTO PRISE PAR STEPAN)

Idem. Avec un contrôleur de billets fort irritant.

(PHOTO PRISE PAR STEPAN)

Voici Stepan !

(PHOTO PRISE PAR MOI)

Stepan était un super pote de voyage, même s'il ne causait pas un traître mot d'anglais.

Jacques Chirac
Président de la France
Chef du gouvernement
Paris

Le 30 mai 2006

Mr. Bean,

Nous avons bien reçu votre lettre. Merci de nous l'avoir adressée.

Vous comprendrez que M. Chirac est bien trop occupé à diriger son pays pour vous répondre personnellement.

Bien à vous,

Claude De Rebuffet

Claude de Rebuffet
3$^{e}$ secrétaire de la 4$^{e}$ assistante
du 5$^{e}$ sous-secrétaire du président Chirac.

# CHÂTEAU CHIRAC

LES NATIONS UNIES
Bureau de Kofi Annan
Secrétaire général

Quoi ? Deux tafs ?

Trop occupé pour écrire une VRAIE lettre !

Cher Mr. Bean

Merci pour votre lettre.

Bien à vous

Kofi Annan

Kofi Annan
Secrétaire général des

---

COPIE

Mr.
c/o Mme Podev
Les Pisser
12 Arbour
Highbury
Londres N10
Angleterre

QG des Nations Unies
Manhattan
New York
U.S.A.

Le 19 juin 2006

Cher Kofi,

Si c'est la taille de mon « TRADUCTEUR UNIVERSEL » qui vous cause du souci, veuillez regarder mes nouveaux plans (ci-joints).

Bien à vous,
(bon sang de bonsoir)

Mr. Bean

A. R.A.S

IDÉE DE GÉNIE REVUE ET CORRIGÉE ! ©

FAIRE UN « TRADUCTEUR UNIVERSEL » EN MODÈLE RÉDUIT N.B. : C'est un simple ajustement technique

(À caser dans un chapeau ?)

Ben, vous voyez, Kofi, il y a des solutions par centaines ! C'est quoi, votre problème ?

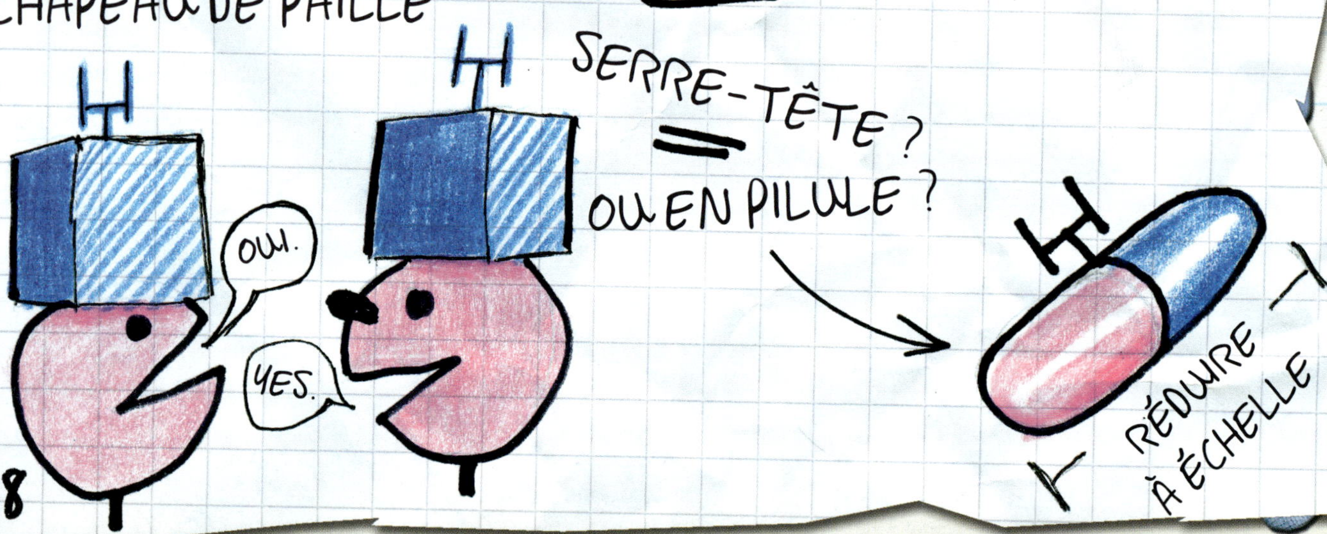

Michel LAFON
EDITIONS

Le 10 juin 2006

Cher Monsieur Bean,

Merci pour votre fort intéressant courrier.

Les éditions Michel Lafon sont au fait du marché des livres de voyage.

Nous publions d'ailleurs un large éventail de titres de ce type, disposons d'une pléthore d'auteurs confirmés et n'avons pas l'intention d'en recruter davantage.

Bien à vous,

A. Bécasse

Alice Bécasse
Secrétaire assistante de
Jean Râle

---

Mr. Bean
c/o Mme Podevache
Les Pissenlits
12 Arbour Road
Highbury
Londres N10
Angleterre

Le 12 juin 2006

Lafon
vard Paul-Émile Victor
21 Neuilly-Sur-Seine

Chère Mademoiselle Bécasse,
Ravi d'avoir des nouvelles de « la marionnette » (vous), mais je préférerais en avoir du « ventriloque » (M. Michel Lafon), si ça ne vous fait rien, jeune fille.

Mr. Bean

Mr. Bean (Écrivain voyageur A.A. R.A.S. C.Q.F.D.)

## BATAILLE NAVALE DE CACA DE PIGEON © Mr. Bean

Voici une version originale et hyper drôle de la traditionnelle et ennuyeuse Bataille navale.

### INSTRUCTIONS

1. Asseyez-vous face à votre adversaire.

2. Relevez la page 51-52 recto-verso pour empêcher la triche (voir schéma 1).

3. Chaque joueur désigne une case à tour de rôle (ex : A1, B2, C3, D2, etc.).

4. S'il y a un gâteau sur ladite case, du caca de pigeon a atterri dessus !!!

5. Noircissez cette case au crayon.

6. Ou bien : déchirez un petit morceau de papier et placez-le sur la case (morceau de papier = caca de pigeon).

7. Le premier joueur dont les gâteaux sont tous couverts de caca de pigeon A PERDU !!!

Schéma 1

# JEUX DE VOYAGE TYPIQUEMENT FRANÇAIS

RIRES !

Des heures de rigolade pour toute la famille !!!!

COMPTAGE DE DOIGTS (1 joueur) :

Comptez tous les doigts de votre main. Si vous faites cela très lentement, ce passe-temps agréable vous occupera durant toute la durée de votre trajet.

RIRES !

COMPTAGE DE DOIGTS (2 joueurs) :

Des fous rires garantis si le voyage est très long. Après avoir fini de compter vos doigts, comptez ceux d'un ami.

RIRES ! RIRES !

LE MOT MYSTÈRE :

Le but du jeu est, comme dans sa version traditionnelle, que vous fassiez deviner un mot à vos compagnons de voyage, à ceci près que vous devez tricher. Par exemple, vous annoncez que l'initiale du mot est un P. Mais en vrai, vous n'avez pas pensé à un mot commençant par cette lettre, ni à aucun autre d'ailleurs. Vos amis auront beau vous faire des propositions, vous secouerez la tête et direz non ! Ce jeu peut durer des heures et des heures et des heures, et quand on vous sommera de révéler le mot mystère… contentez-vous de dire que vous avez oublié. ILS SERONT HYSTÉRIQUES !

Plus de rires !

**LE JEU DES CHANSONS (1 joueur) :**

Plus de rires !

Chantez “ Un kilomètre à pied ” jusqu’à un million. Si personne ne chante avec vous, persistez.

Plus de rires !

**LE JEU DES CHANSONS (2 joueurs) :**

Chantez “ Un kilomètre à pied ” jusqu’à cent, et proposez à un ami de commencer à chanter de zéro quand vous serez arrivé à vingt-cinq. Excellent moyen d’empêcher les parents de somnoler.

Encore plus de rigolade !

**LES JOLIS MOTS-CROISÉS (1 JOUEUR) :**

Il y a toujours un homme d’affaires bcbg assoupi dans le train.
1. Fauchez-lui son journal et cherchez la page des mots-croisés.
2. Coloriez joliment toutes les cases blanches.
3. Remettez discrètement le journal sur les genoux de l’homme sans le réveiller. Puis, postez-vous près de lui pour attendre qu’il ouvre les yeux et admirer sa tête quand il découvrira votre œuvre.

Autre jeu, encore plus drôle ! Noircissez toutes les cases numérotées, les cases à indices. Votre homme n’en reviendra pas !

C’était drôle, pas vrai ???

## LE JEU DU TÉLÉPHONE :

(1 joueur. J'ai vu des tas d'enfants s'éclater à ce jeu!)

Prenez votre téléphone portable. Trouvez la rubrique " sonneries " dans le menu déroulant. Montez le volume au maximum et testez chaque sonnerie l'une après l'autre. Encore plus drôle quand tous les autres voyageurs essaient de dormir.

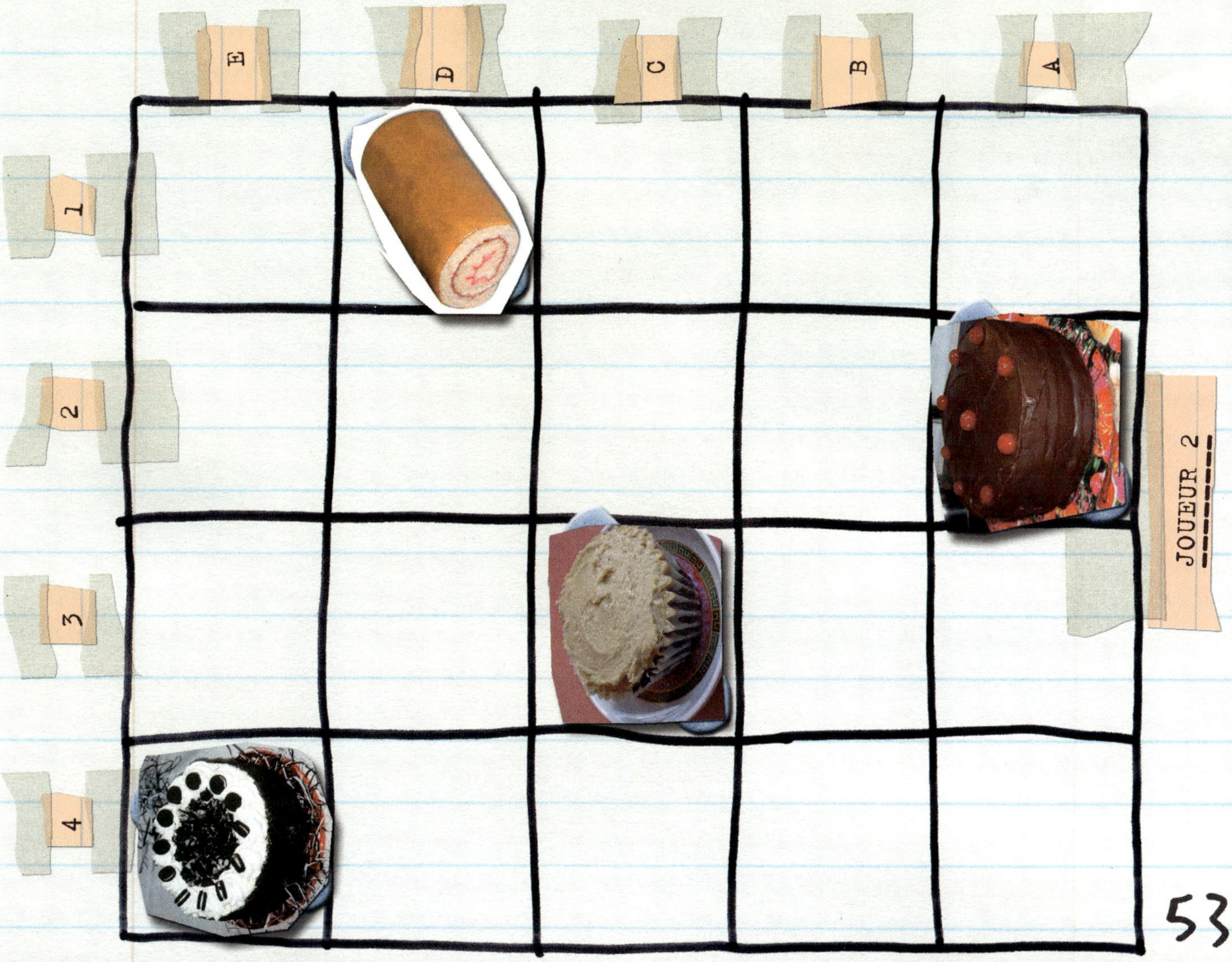

# LE MINIGOLF DE MR. BEAN VERSION EURO

© Mr. Bean

MATÉRIEL

C'est facile, simple et hilarant !
Placez une pièce de 5 cents sur le premier tee.
Poussez-la d'une chiquenaude (voir schéma 1).
Comptabilisez vos résultats comme pour une vraie partie de minigolf.

Schéma 1

Vous êtes tombé dans la Manche, ajoutez un point à votre score.

Ne touchez pas la bouteille !

La pièce de 5 cents doit tomber entièrement dans le trou. Pas de triche.

Oh ! Les belles plages du sud de la France !

La superbe campagne française.

Quel est votre score ? Allez, soyez honnête !

Ceci est un jeu d'adresse, pas de triche !

Ne trichez pas !

Vous comptez vos points ?

Essayez d'éviter les touristes américains en visant la tour Eiffel.

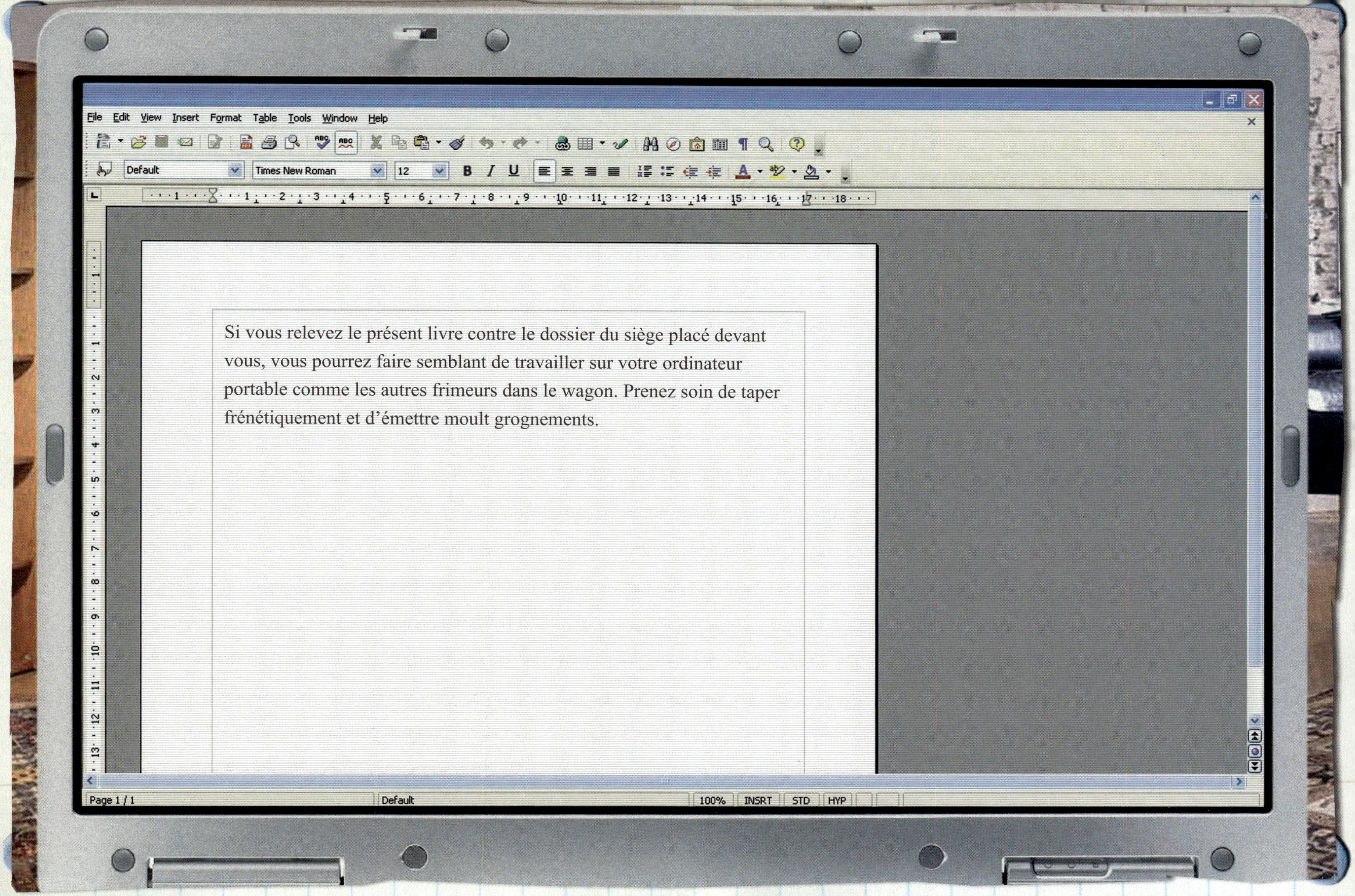
File Edit View Insert Format Table Tools Window Help
Default
Times New Roman
12
Si vous relevez le présent livre contre le dossier du siège placé devant vous, vous pourrez faire semblant de travailler sur votre ordinateur portable comme les autres frimeurs dans le wagon. Prenez soin de taper frénétiquement et d'émettre moult grognements.
Page 1 / 1
Default
100%
INSRT
STD
HYP

# LES CADAVRES EXQUIS DE MR. BEAN

(2 joueurs) :

Il y a deux manières de vous expliquer les règles de ce jeu.
La manière longue : je pourrais les rédiger et vous pourriez les lire.
La manière courte : vous pourriez les demander à quelqu'un qui les connaît.
Je recommande la seconde option.
Vous trouverez ci-dessous deux exemples que moi et Stepan (un camarade voyageur) avons mis au point pendant notre trajet en train.

Découpez le long des pointillés (page ci-contre) et repliez les volets. Vous pourriez vous amuser pendant une bonne minute au moins !

GRR

TEDDY

Les Français sont aussi chochottes avec les étrangers qu'avec leur bouffe et leur vinasse. Mais si vous vous collez ce masque sur le visage, vous ne devriez avoir aucun problème avec eux.
(Et si vous êtes moche, vous feriez bien de le porter en tout état de cause).

# FABRIQUEZ VOTRE JOCONDE © Mr. Bean

Aujourd'hui, les chefs-d'œuvre sont à portée de tous ! Et il suffit pour cela d'une paire de ciseaux et d'un tube de colle ! Quand vous l'aurez assemblée, suspendez-la dans votre Louvre perso (voir page suivante).

Pliez, collez, c'est un jeu d'enfant !

# FABRIQUEZ VOTRE MUSÉE DU LOUVRE

Suivez simplement les instructions de pliage et de découpage : vous avez bien réussi à fabriquer votre Jegronde !

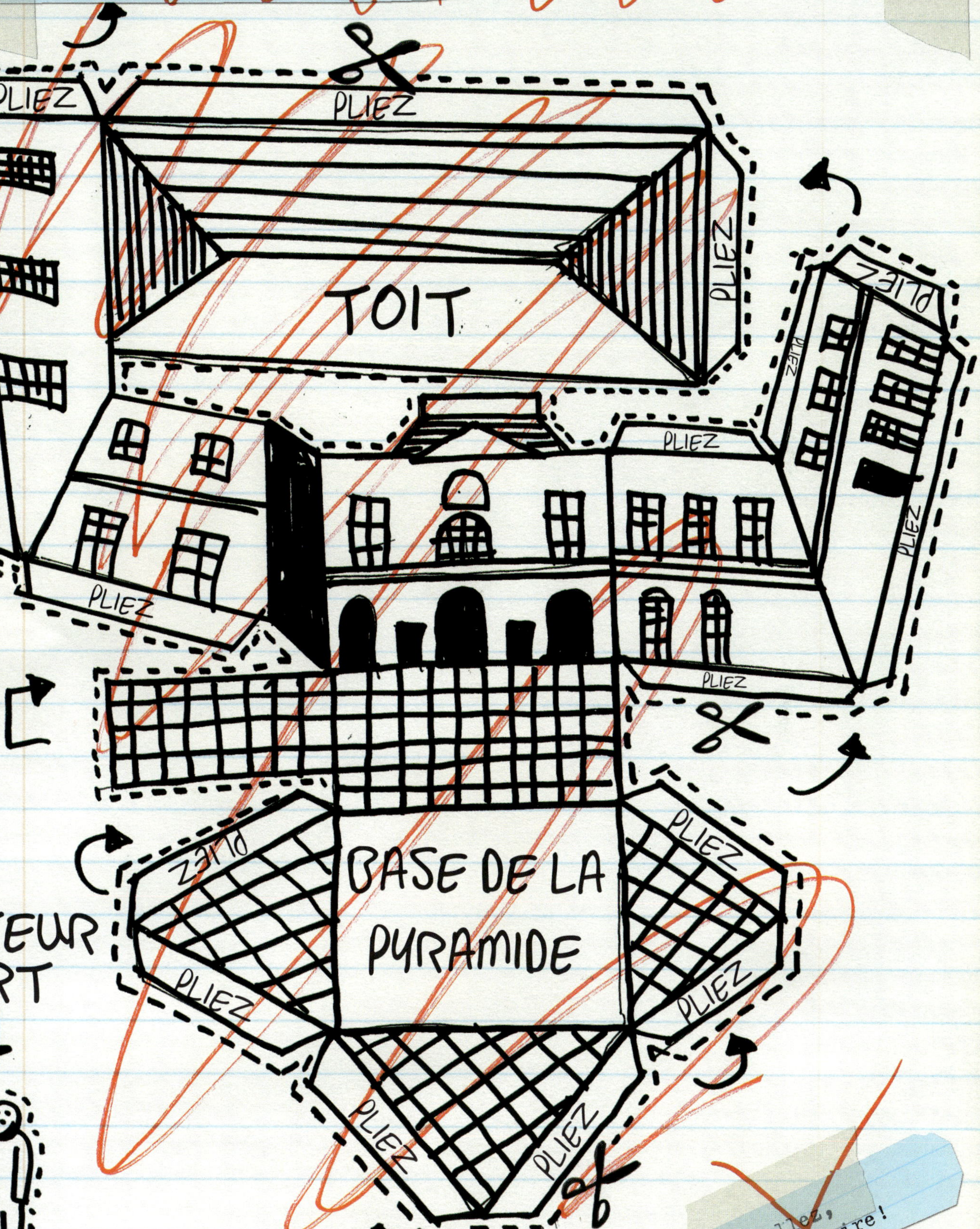


AMATEUR D'ART

LAISSEZ TOMBER

Pliez, collez, c'est élémentaire !

# CONCOURS DE PHOTOS BARBANTES À FAIRE SOI-MÊME

Ne jetez pas vos photos sans intérêt. Comparez-les avec les clichés ratés de vos copains et décidez de récompenser le plus inintéressant. En guise de prix, une tasse de thé fera l'affaire, ou mieux : une chouette assiette de fish and chips, purée de pois et double ration de pain et de beurre (oignons au vinaigre en option). Miam !

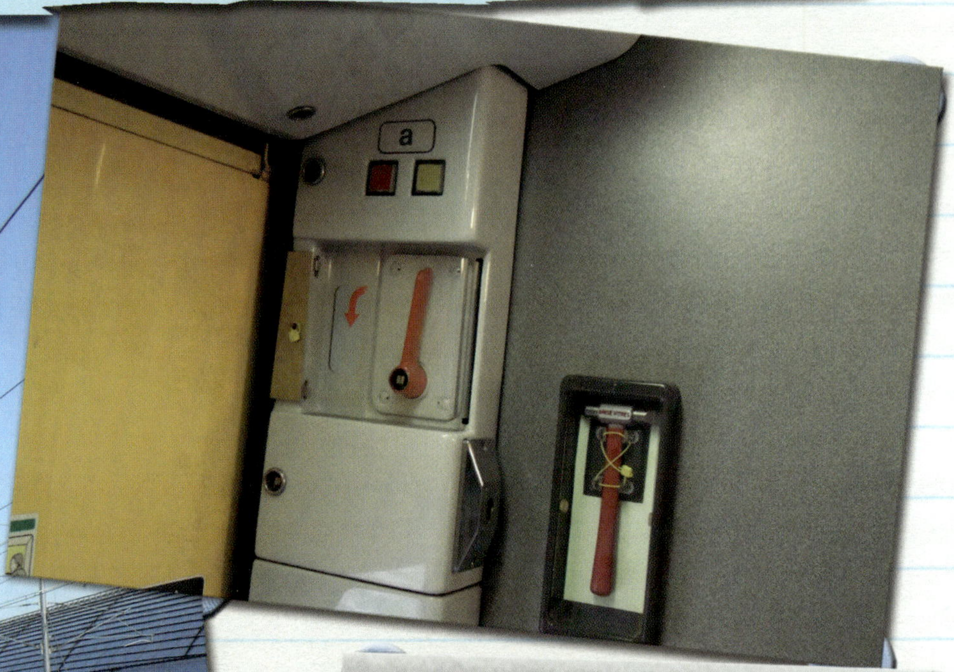

Si vos photos ne sont pas aussi nulles que celles-ci, filez-moi l'assiette de fish and chips !

Hourra ! Mr. Bean est arrivé dans notre belle campagne française !
Hourra !
Hourra !
Hourra !
Hourra !
Hourra !
Hourra !
Vite, planquez les muffins !

Regardez tout le monde, il arrive !
Comment il a fait pour arriver si vite ?
Crénom de nom, mes M&M's sont tous collés !
Crénom de nom, ça fait deux fois que je suis là !
Allô, la police ? Je vous appelle pour vous signaler un déjà-vu.

Il va ramer pour trouver des fish and chips.
Enjoy the active life
Your holiday can be as action packed or

Allô, la police ? Ça vient de se reproduire !
Veuillez ne pas quitter.

Il aura pas mes frites. Je vais les planquer.

Tous en chœur :
On n'a pas d'fish'and'chips,
On n'a pas d'fish'and'chips,
On n'a pas d'fish'and...
STATIONNEMENT GÊNANT
SALAISONS

# LA CHASSE AU FISH AND CHIPS

9 heures du mat' : Oignon et ail à foison,
mais de fish and chips pas question !

9 h 15 : « Fish and chips, monsieur, en vends-tu ? »
Hélas, il n'avait que des fromages qui puent !

10 h 02 : Il m'a dit d'aller voir à côté,
mais il n'y avait que des fromages
qui fouettent le nez !

10 h 30 : Des pêches blanches ?
Non : des fish and chips, vieille branche !

10 h 45 : Je n'ai plus le temps de faire des
rimes, il est 10 h 45 et faut que je me magne !

11 h 05 : Ne vois-tu point mes fish and chips venir ?
11 h 20 : Ai envisagé de pêcher le goujon.
11 h 21 : Me suis ravisé.
11 h 45 : La route du désespoir n'est pas pavée de fish and chips.
Faudra qu'il se contente de coq au vin.
Coco-quoi ?
Nan... Je patiente toujours.

Peut-être n'aurez-vous jamais la chance d'aller en France et de profiter par vous-même des joies de sa grande cuisine. Aussi vous proposé-je de préparer des trucs français chez vous, à domicile.

# COQ  AU VIN

1. PROCUREZ-VOUS UN POULET ET SOÛLEZ-LE AU VIN ROUGE.
2. ATTENDEZ QUE LE POULET S'ENDORME ET TORDEZ-LUI LE COU.
3. SI LA VIOLENCE VOUS RÉPUGNE, DEMANDEZ À QUELQU'UN D'AUTRE DE L'ÉTRANGLER.
4. OU ALORS, PROCUREZ-VOUS UN POULET IVRE MORT, QUI AURAIT TRÉPASSÉ DE TOUTE MANIÈRE.
5. OU ACHETEZ UN POULET PRÊT À CUIRE.
6. FAITES REVENIR DES OIGNONS ET DES GOUSSES D'AIL DANS UNE GRANDE CASSEROLE.
7. AJOUTEZ LE POULET.
8. VERSEZ UNE BOUTEILLE DE VIN ROUGE.
9. LAISSEZ MIJOTER DEUX HEURES.
10. ARROSEZ DE VIN.
11. BUVEZ UNE GORGÉE DE VIN.
12. LAISSEZ MIJOTER UNE HEURE.
13. SORTEZ ET ACHETEZ PLUS DE VIN !
14. ARROSEZ DE VIN.
15. LAISSEZ MIJOTER DEUX HEURES.
16. SERVEZ AVEC UN VERRE DE VIN.
17. C'EST ABSOLUMENT DÉ-LI-CI-EUX !!!!!

J'ai juste gribouillé cette recette dans un café, en fait.

Les Français ont des millions de sortes de vins, mais ils sont chers, alors, voici une technique pour fabriquer du pinard chez vous, à domicile, avec des ingrédients que vous avez dans votre placard.

Videz une bouteille puis versez-y :

Une cuillerée à café de cacao.
Une cuillerée à café de sucre.
Une demi-cuillerée à café de confiture de framboises.
5 cuillerées à café de glace fondue.
Couvrez le tout de jus d'orange.
Secouez vigoureusement pendant deux minutes et réfrigérez pendant 2 heures.
Ajoutez du vinaigre français à votre convenance (ou pas).

Les Français gardent jalousement secrète leur technique pour corser l'odeur de leurs fromages. Voici la mienne :

Prenez un morceau de fromage ordinaire (qui ne pue pas).
Prenez une chaussette puante. (N.B. : pour un arôme plus corsé, portez la chaussette 2 à 3 jours d'affilée.)
Placez le fromage dans la chaussette.
Laissez mariner le tout en plein soleil pendant 48 heures (rentrez la chaussette la nuit).
Retirez le fromage de la chaussette avant de servir.

(Schéma 1)

LES NATIONS UNIES

Le bureau de Kofi Annan
Secrétaire général

Zut !

Zut !

Le 23 juin 2006

ZUT !

Cher Mr. Bean

Merci pour votre lettre.

Bien à vous

Ça me rend FOU !

Kofi Annan

Kofi Annan
Secrétaire général des Nations unies

Chère Votre Majesté,
(& Phil) Je passe du bon temps, sauf que Kofi Annan n'a pas jeté un œil à mon idée pour promouvoir la paix dans le monde. Auriez-vous de l'ascendant sur lui ?

Mr. Bean
xxx

PARIS FRANCE
26 JUIN 2006
POSTE

La Reine
Buckingham Palace
Londres
ANGLETERRE

Chère Votre Majesté,

(& Phil) Comme je disais, j'en ai un peu ma claque. Connaissez-vous Michel Lafon ? Vous pourriez lui passer un savon ?

Mr. Bean

Sa Majesté,
Buckingham Palace
Londres
ANGLETERRE

(À SUIVRE)

Je me donne la peine d'écrire à ces gars, et ils me repaient en grossièreté. Voyez le Président Chirac. (De grâce) xxx

(À SUIVRE)

Sa Majesté,
Buckingham Palace
Londres
ANGLETERRE

Au fait, est-ce que Phil et vous pourriez me rendre mes cartes postales à mon retour au pays ? J'en aurais besoin pour mon bouquin de voyage.

xxx

(si Michel Lafon daigne se décarcasser !)

Sa Majesté,
Buckingham Palace
Londres
ANGLETERRE

Bigre ! Comme ce champ est vaste. Jusqu'où s'étend-il ?
Mais jusqu'où, nom d'une pipe... ?
Oh, mes pauvres pieds. T'appelles ça des vacances...
Dans le genre monotone...
Je commence à en avoir ras le bol...

Enfin ! La civilisation !
Tttt... Va falloir faire du stop.
La la la la lère...
La la la la la la lère...
La la hi ho la la la hi ho la lère...

Allez, allez...

Regardez, regardez...

Hourra ! Et c'est la même voiture que la chouette auto que j'ai chez moi !

Et ça, c'est Sabine, une actrice en chemin pour le festival de Cannes. Cette jeune femme est charmante, mais elle conduit du mauvais côté de la route.

Au fait, voici ma caméra.

UN EXCELLENT FILM DE MR. BEAN
Dépêchez-vous, les amis, ça commence !
0/10
10/10

# STORYBOARD © Mr. Bean

Nul ne m'appelle Grands-Pieds.
Grands-Pieds !
Eh !
Reviens ici !
Il est parti par là !
Attrapez-le !
Ouf !
Excellente échappée !
Qu'est-ce qui se passe, l'ami ?
Vous n'avez pas parlé de mes pieds.
Je comprends, parce que j'ai moi-même une grande voiture.
Je suis amoureux, mais je ne sais pas conter fleurette aux filles.
Elle s'appelle Maureen.
C'était la belle Maureen.
19

Dites-lui juste que ses yeux sont plus bleus que les cieux.
Maureen, vos yeux sont plus bleus que les cieux.
Il pleut des larmes du ciel quand disparaît le soleil de son sourire.
Moi, je trouve ça trop mièvre, alors dites-lui vous-même.
Il pleut des larmes du ciel quand disparaît le soleil de votre sourire.
Quel merveilleux poète vous êtes !
Même si vous avez de grands pieds !
Nul ne m'appelle Grands-Pieds impunément !
J'ai le chic pour mettre les pieds dans le plat !
Fin.

Au fait,
voici ma caméra !

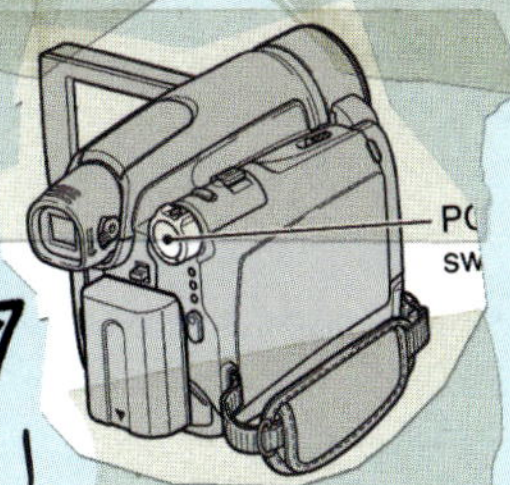

Mr. Bean
c/o Mme Podevache
Les Pissenlits
12 Arbour Road
Highbury
Londres N10
Angleterre

Le 10 mai 2006

Directeur/Directrice
Festival du film de Cannes
3, rue Amélie, 750017 Paris, France (of course).

Cher Directeur, chère Directrice,

Mon amie Sabine m'a parlé de votre excellent festival du film et il se trouve justement que j'ai une idée épatante pour un "blockbuster" (comme il me semble, je crois, que vous appelez les longs-métrages à succès). Sans toutefois déflorer le suspense, j'ai pensé un temps faire un film à propos d'un homme doté d'un long nez, mais je crois qu'il existe déjà un film analogue en français. Alors, que diriez-vous d'un film à propos d'un homme aux grands pieds ? Voyez le "story-board" joint (comme il me semble, je crois, que vous appelez les scénarios en dessins).
J'ai toutes les bonnes idées, alors vous n'avez plus qu'à allonger les éléments suivants :
L'argent. Le réalisateur. Le cadreur. L'éclairage. Les acteurs. Le maquillage. Les décors, etc.

Pour ce qui est du temps, j'ai "un créneau" (comme il me semble, je crois, que vous appelez un laps de temps) à l'automne, entre la réfection du carrelage de ma salle de bains et une opération de l'orteil (rien de grave, ne vous alarmez pas).
Alors cette date m'irait bien, qui que vous soyez.
Bien à vous,

Mr. Bean

Mr. Bean

COPIE

CANNES
Mr. Bean est arrivé !
Hourra !
Hourra !
Hourra !
Où descend-il ?
Un endroit chic, j'espère.
CARLTON
Ses fish and chips viennent d'arriver par avion de Londres.
Robert, si tu as pissé dans la piscine, je te...
S'il le souhaite, je lui cèderai ma cabine.
À vos ordres, mon commandant.

Il se fait tard. Que fait-on de ses fish and chips ?
Garde-les au chaud, crétin !

CANNES FILM FEST
Il paraît qu'il aura un film en compétition, l'an prochain.
Oui, j'espère qu'il va gagner.
Apparemment, ça parle d'un homme aux grands pieds.
Génial. On n'a que trop vu de films français sur des types avec des grands nez. Espérons qu'il y aura un happy end !

Une pensée : au cas où " Le Producteur " pense que les gens préféreraient une fin plus heureuse, je propose ceci :

Plans de châteaux de sable.

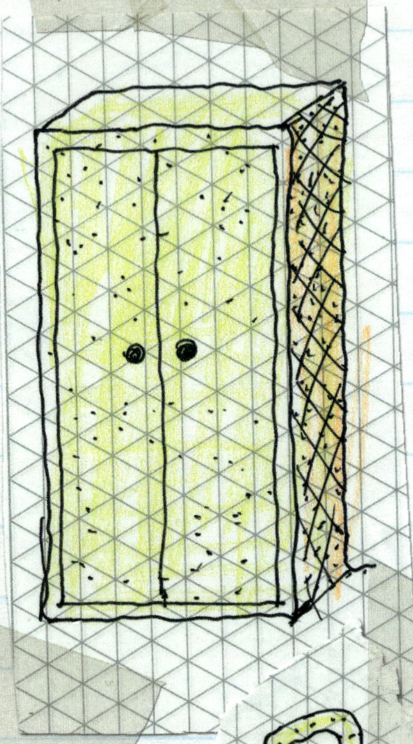

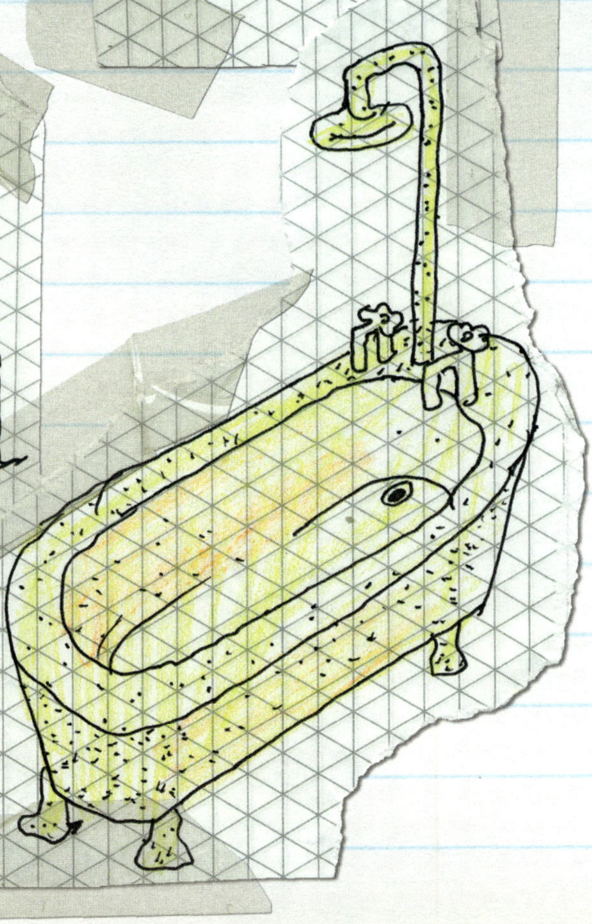

COMMENT GAGNER
LE CONCOURS DE CHÂTEAUX
DE SABLE À CANNES.
MA MAISON
REMISE
N° 12
HAIE
BUS
52
MINI
ÉCHELLE
180 CM
ARBOUR ROAD
© Mr. Bean
"HOME SWEET HOME"

HOURRAAAAAA !!!!
Ha, ha, ha ! Génial ! Fantastique ! Ouiiiiii...
Ouiiiiiiiiiiiiiiiiii...
Splish, splosh splash...
Hmm, je crois que cet ongle a besoin d'être coupé.

Ahhhh... Ma ravissante amie Sabine.

Et n'oublions pas notre adorable Stepan (et l'adorable moi).

Tous ensemble maintenant...

Sable officiel de Cannes !

Assez de mièvrerie. Revenons au turbin.

CES LUNETTES DE SOLEIL NE VOUS LÂCHERONT JAMAIS !

Si vous avez été assez idiot pour vous perdre et ne pas trouver la plage, ou s'il pleut sans arrêt, découpez celles-ci et chaussez-les. Mmmm, magnifique.

# LE GUIDE DE LA RIGOLADE AU SOLEIL DE MR. BEAN

Lézarder au soleil, c'est sympa, mais parfois un peu barbant. Alors pourquoi ne pas pimenter vos séances de bronzage avec ces pochoirs de bronzage ?

1. Découpez ces pochoirs.
2. N'appliquez pas votre crème solaire.
3. Appliquez le pochoir sur votre poitrine ou votre dos.
4. Allongez-vous au soleil (le soleil s'occupera de tout).
5. Après une heure ou deux, ôtez le pochoir.
6. Le soleil a imprimé de jolies formes rouges sur votre peau et vos amis seront très impressionnés.

Essayez ces formes " coquillages et crustacés ".

N.B. : DEMANDEZ LA PERMISSION À MAMAN !!!!

Sinon, vous risquez de vous calciner l'épiderme et de finir à l'hôpital, comme moi !

ABUSEZ VOS AMIS GRÂCE À CE POCHOIR MONTRE-BRACELET :
Attachez ce pochoir autour de votre poignet.
Gardez-le toute la journée.
Une fois que vous enlèverez le pochoir, on croira que vous avez oublié d'enlever votre montre. Idéal pour les gens qui n'ont pas de montre !

Les maillots des équipes de foot sont chers, aussi, pourquoi ne pas vous scotcher ces pochoirs sur le dos et rejoindre la " Bean Team " ?

Kit en cas de MAL DU PAYS

Vous avez le blues ? Vous vous sentez seul ? Posez ceci autour de votre bras et des centaines de Britanniques se jetteront sur vous pour faire ami-ami. Attention ! La plupart seront ronds comme des queues de pelle.

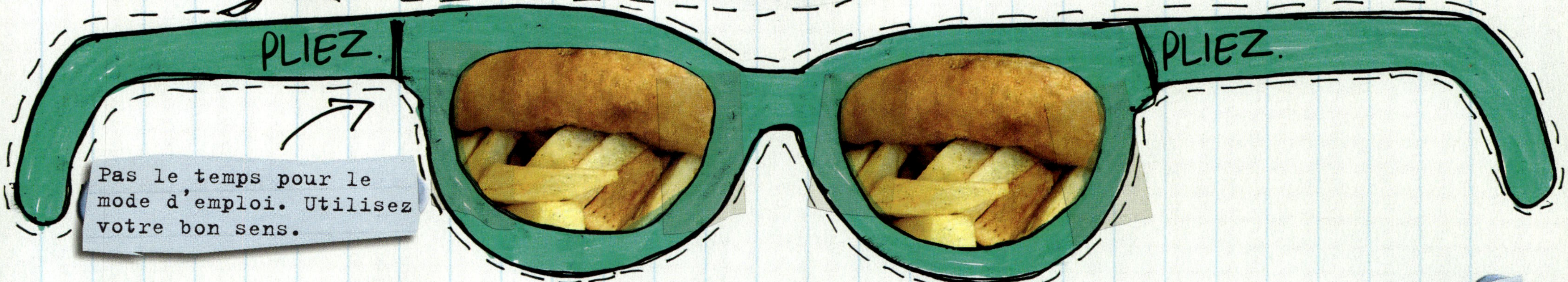


Pas le temps pour le mode d'emploi. Utilisez votre bon sens.

Ras le bol des centimètres français ? Utilisez ceci pour mesurer des objets en pouces.

Michel LAFON
EDITIONS

Le 16 juin 2006

Sujet : Livre de voyages

Cher Mr. Bean,

Cessez de nous importuner ! Nous ne sommes pas intéressés !

Fidèlement vôtre,

A. Bécasse

Bécasse !

Bécasse !

Alice Bécasse
Secrétaire assistante de
Jean Râle
Chef du service du courrier indésirable

Bécasse !

Bécasse !

Bécasse !

# BÉCASSE

E.R.

Buckingham Palace

Le 2 juillet 2006

Mr. Bean
c/o Mme Podevache
Les Pissenlits
12 Arbour Road
Highbury
Londres N10

Cher Mr. Bean,

Désolée de ne pas vous avoir donné de nouvelles plus tôt. Phil a un méchant rhume et il ronchonne sans arrêt. Nous sommes ravis d'apprendre que vous vous plaisez beaucoup en France. Comme c'est bien. Phil vous fait dire qu'il est tout à fait d'accord avec vous concernant l'invasion normande, mais, vous connaissez ma devise : « pardonnez et oubliez ».

C'est le chaos, ici au palais, depuis deux semaines : on vient de changer les rideaux, les corgis ont la diarrhée, et Phil aussi. Que vous dire d'autre ? Ah, oui. Merci pour vos magnifiques cartes postales. J'ai bien compris votre requête et j'espère que cela ne vous dérange pas, mais j'ai touché deux mots aux parties offensantes en votre nom.
Et Beanie, la prochaine fois que vous passerez nous voir, n'oubliez pas de nous donner cette recette à la rhubarbe.

Bien amicalement, comme toujours,

La Reine.

PS : Veuillez trouver ci-joint le bifton que Phil vous a emprunté pour son loto.

LES NATIONS UNIES

Bureau de Kofi Annan
Secrétaire général

Le 20 juillet 2006

Cher Mr. Bean,

Je parlais de vous au téléphone avec Sa Majesté, la reine Élisabeth, ce matin même, et je ne sais comment me faire pardonner l'épouvantable traitement que vous a réservé ce service. J'espère que vous me croirez quand je vous dirai que votre passionnante missive ne m'a jamais été remise personnellement. Certes, les Nations unies sont vastes, mais cela n'excuse rien.

L'idée d'un Traducteur universel me paraît brillante !

Je compte en parler moi-même à nos misérables fonctionnaires qui travaillent dans les couloirs de notre belle assemblée. Qu'ils se cassent les dents dessus. Comme vous dites, la taille de l'objet risque de représenter un écueil technique majeur, mais la promotion de la paix dans le monde vaut bien les milliards de dollars qu'on prélèvera chez les contribuables américains pour le mettre au point.

Avec votre permission, monsieur, je soumettrai votre Traducteur universel au conseil de sécurité à sa prochaine session.

Prévoyez-vous de vous rendre à New York prochainement ? Il faut que vous passiez prendre le thé et des muffins chez moi !

Mon numéro de portable est le 07700 900 754. N'hésitez pas à m'appeler, de jour comme de nuit.

Démarrons dès que possible ce projet de Traducteur universel.
La paix dans le monde en dépend, monsieur.

Fidèlement vôtre.

Kofi Annan

Kofi Annan.

Trop tard !
Je le vends
aux Chinois !

Michel LAFON
EDITIONS

Le 16 juillet 2006

Adorable Nigaude !

Cher Monsieur Bean,

Je ne sais comment m'excuser des réponses grossières que vous avez reçues de la part d'Alice Bécasse, secrétaire assistante de Jean Râle, chef du département du courrier indésirable, qui ne font désormais plus partie de notre belle maison.

Suite à ma délicieuse conversation téléphonique avec Sa Majesté la reine, j'ai retrouvé votre proposition de livre de voyage. Quelle idée magnifique et inspirée vous avez eue là !

J'en ai aussitôt discuté avec notre comité éditorial, qui a unanimement reconnu ce fait que vous avez fort justement souligné dans un précédent courrier : les éditions Michel Lafon sont passées à côté d'un secteur entier du marché.

Vous serez ravi d'apprendre, je n'en doute pas, que nous espérons combler cette lacune grâce à vous. Envoyez-nous tout ce que vous avez recueilli pendant votre séjour en France. Nous publierons votre ouvrage aussitôt que nous aurons annulé celui d'un autre auteur.

Inutile de vous déplacer jusque chez nous : nous vous envoyons un chèque par la poste. (Faites-nous savoir si vous souhaitez une rallonge.)

Les éditions Michel Lafon se font une joie de vous accueillir en leur sein !

Fidèlement vôtre,

Camille Nigaude

Camille Nigaude
(Directrice Générale, Éditions Michel Lafon)

PS : Merci de transmettre mes salutations à Sa Majesté et de la remercier en mon nom pour sa recette de rhubarbe. La vôtre, si je ne m'abuse.

HYPER CHIANT, PAS LA PEINE DE LIRE

Textes de Robin Driscoll et Tony Haase

Traduit par Rachel Neuville.

Maquette de Jim Lockwood

QUI ÇA ??



7-13, boulevard Paul-Émile Victor – Île de la Jatte, 92521 Neuilly-sur-Seine Cedex.

ISBN : 978-2-7499-0638-6

www.michel-lafon.com

Imprimé en France par Mame Imprimeurs à Tours